हथियार की तरह

नरेश अग्रवाल

भारतीय ज्ञानपीठ

लोकोदय ग्रन्थमाला : ग्रन्थांक 1480

ISBN 978-93-90659-74-6

हथियार की तरह

(कविता-संग्रह)

नरेश अग्रवाल

प्रकाशक : **भारतीय ज्ञानपीठ**

18, इन्स्टीट्यूशनल एरिया, लोदी रोड, नयी दिल्ली-110 003

मुद्रक : भारतीय ज्ञानपीठ, नयी दिल्ली-110 003

आवरण-सज्जा : महेश्वर

HATHIYAR KI TARAH
(Poetry Collection)
By Naresh Agarwal

Published by
Bharatiya Jnanpith
18, Institutional Area, Lodi Road, New Delhi-110 003
Ph. : 011-24626467; 23241619 (Daryaganj)
Mob. : 9350536020; e-mail : bjnanpith@gmail.com
sales@jnanpith.net; website : www.jnanpith.net

First Edition : 2021
Price : Rs. 230

श्रेष्ठ भारतीय साहित्य

भारतीय ज्ञानपीठ

हथियार की तरह

(कविता संग्रह)

समर्पण

खुदेजा खान, दुर्योधन सिंह, शैलेंद्र अस्थाना, नीलोत्पल रमेश, डॉ. अविनाश कुमार सिंह, ब्रज श्रीवास्तव, रेखा यादव, अफरोज आलम, प्रियंकर पालीवाल, संतोष श्रीवास्तव, दिनेश्वर प्रसाद सिंह 'दिनेश', हरिवल्लभ सिंह आरसी, शिरोमणि महतो, अनीता रश्मि, रणेन्द्र, प्रशांत अग्रवाल, संदीप मुरारका, प्रभाकर अग्रवाल, जूही समर्पिता, डॉ. भावना, शहंशाह आलम, लक्ष्मीकांत मुकुल, शरद कोकास, राशि खान, यतीश कुमार, डॉ. सुमन सखी दहिया के साथ-साथ—

मेरे गुरुतुल्य अरुण कमल, स्वप्निल श्रीवास्तव, ओम निश्चल, जयनंदन के लिये।

अनुक्रम

उसके सारे अंग हँस रहे थे

कुछ भी कहो उससे अच्छा या बुरा
वह हँसता ही चला जाता था
बार-बार हँसता था
मुझे समझ में नहीं आया उसका हँसना

यह हँसी उसकी जेब से नहीं थी
क्योंकि वह फटी थी
किसी आभूषण की भी नहीं थी
क्योंकि लोहे की अँगूठी के सिवा
कुछ नहीं था उसके पास

न चप्पल, न जूते
न कोई बड़ी-सी चमकती चाबी
फिर ये हँसी कहाँ से आ रही थी ?

मैंने कारण पूछा तो वह फिर हँसा
बिना कुछ कहे आगे बढ़ गया

पीछे से उसकी कमीज उड़ रही थी
जिसका निचला छोर
होंठ हिलाते हुए हँस रहा था
उसके सारे अंग हँस रहे थे

जैसे उपहास उड़ा रहे हों
पूरी दुनिया का

मन उड़ गया संसार से

उसे एक जैसी हवा से
कभी ऊब नहीं हुई
न ही चाँद और सितारों से

आसपास के दृश्यों को भी पचा गया
आदत में लगी बीड़ी से भी
कभी नहीं ऊबा
परेशान नहीं कभी जमीन पर सोते हुए भी

काम से भी कभी नहीं ऊबा
एक जैसा भोजन करते हुए भी
उसमें स्वाद ही पाया

सब कुछ ठीक-ठाक चल रहा था
भले दो-चार घूँट में समाया था
उसका जीवन सारा

बस उस दिन बहुत अधिक उखड़ा वह
मन उड़ गया संसार से

जब उसने गरीबों की
सरकारी सूची में
सबसे पहला नाम अपना दर्ज पाया!

नहीं पता

नहीं पता कहाँ से आएगा नया कुछ
नयी मेहँदी या नया कोई रंग
नयी बहार या कोई नया फूल बगीचे का

मजदूर जो अब काम से
वापस लौट रहे हैं घर
नहीं पता उनके आराम के क्षण
न ही मार्ग इनके दुखभरे सपनों का

नहीं पता इस प्रेम का
कैसे उतरता है यह हृदय में
अचानक किसी मनपसंद को देखकर

इन पक्षियों के संबंधों का भी कोई पता नहीं
जो उतर रहे हैं अभी-अभी आसमान से
ये प्रेमी हैं या केवल साथी बरसों-बरस के

नहीं पता कुछ भी उन मित्रों के बारे में
जो कल गलबाँही किये घूम रहे थे बाजार में
आज कहाँ गुम हुए, कुछ भी नहीं पता!

हथियार की तरह

पत्थरों की रगड़ से
आग उत्पन्न हुई
लेकिन पत्थर नहीं जले

आश्चर्य हुआ उन्हें
अपनी आग से लकड़ियाँ
जलती देखकर

वे भी लुढ़क-पुढ़ककर
आग के समीप आये
उसे स्पर्श किया
फिर भी वे नहीं जले
केवल गर्म होकर पसर गये

फिर एक बार इन्हें
फेंककर मारा गया था
बहुत सारे लोगों को
जिनकी देह से खून निकला
और चोट भी लगी खतरनाक
जबकि इनका कुछ भी नहीं बिगड़ा

समझ गये वे अब
काम इनसे लिया जाता है
केवल एक हथियार की तरह

खरीददारी

हर सीढ़ी पर डॉलर बिछे थे
निचली से ऊपर वाली में अधिक
संख्या भी इनकी बढ़ती जाती थी
सबसे ऊपर वाली में सर्वाधिक

शर्त बस यही कि
बिना थके, बिना रुके आगे बढ़ो
जो जहाँ थके, वह वहीं रुके
वहीं पड़े पैसों को उठा ले
उसी पैकेज में नौकरी पर लग जाये

यह था उनका
काम बाँटने का अनूठा तरीका
खरीद लेने का
किसी भी देश के
महत्त्वपूर्ण मस्तिष्क को

फैशन

सिलाई मशीन में जिसने
फैशन का धागा लगाया
वह अमीर हो गया

जो फटे कपड़ों पर जोड़ लगाता रहा
वह वैसे-का-वैसा रहा

कुत्तों के रंगीन पट्टे सीनेवाला
अमीर हो गया
रंग-बिरंगे रूमाल बनानेवाला
नये तरह के ड्रेस सिलनेवाला
शरीर के उभार को शोख बनाने वाला
अमीर हो गया

क्या खास बात थी इस फैशन में
जो सभी को अमीर बना देती है

कौन-सी ऐसी बात नहीं ?
उस बूढ़े मंसूर दर्जी में
जिसने हजारों पायजामे और कुर्ते सिले
हाथ घिस गये, आँखें गँवा बैठा
लेकिन अपने गरीब-का-गरीब
रह जाने का कारण
आज तक नहीं समझ पाया

कुछ खास मुँह धोते हैं

असंख्य को सताया गया
असंख्य को छलनी किया गया
असंख्य का लहू चूसा गया
तब जाकर उनकी समृद्धि का तालाब भरा
बहुत बड़ा, बहुत गहरा

हर पीढ़ी में बढ़ता ही गया
सभी तरफ बढ़ते गये लुटेरे
साँस के, खून के, जमीन के,
कहाँ रुका यह खेल
जो सीख चुके थे इसे और शातिर हुए
जो भोले थे और बेवकूफ

कहीं रंग बहुत गाढ़ा हुआ
कहीं रंग बहुत हल्का हुआ

सभी कमजोरों का पसीना बहा
असंख्य छेदों से निकलकर
एक बड़ा झरना बना
जिसमें कुछ खास मुँह धोते हैं

औरतें

गाँव की औरतें जा रहीं
घड़े को सिर पर उठाए
हँसी-मजाक करती हुई
घर-द्वार की बातें करतीं

होश भी नहीं कितनी बार
कुएँ से जल भरकर लौटीं
कितनी अधिक थकीं
कितना वक्त बर्बाद किया

उनका सिर केवल पानी ढोता रहा
हमेशा दूर रहा किताबों से
अगर थोड़ा भी पास रहतीं उनके
कुआँ भले दूर ही रहता
नल पास लाने के लिए संघर्ष
जरूर कर पातीं

अकेला होने पर

मैंने हमेशा छोटी सीढ़ी चाही
बड़ी सीढ़ी लेकर क्या करूँगा
जब लक्ष्य नहीं मेरा आसमान

मुझे तो सभी के समानांतर
या सभी के आस-पास चलना है
जैसे साइकिलें चलती हैं एक साथ
जैसे झुंड-के-झुंड लोग
सैर करते हैं सुबह की

मुझे सभी के साथ
कंधे-से-कंधा मिलाकर चलना है
हाथ-से-हाथ पकड़कर
यह संगठन ही मेरा विश्राम है
और इसे छोड़ना ही पीड़ा

अकेले होने पर
इतना अकेला हो जाता हूँ कि
भूल ज़ाता हूँ सबों को
और अपने आप को भी

एक बुजुर्ग की आत्मकथा

आज जब मैं सोकर उठा
महसूस किया मेरी उम्र
बहुत कम रह गई है
शायद बीस प्रतिशत से भी कम

मैंने अपने आप को बहुत अधिक खोया है
जिनके लिए खोया है
उन्हें यह आभास भी नहीं
कि कितनी आत्मीयता से
मैंने अपना शरीर दान किया है उन्हें

इनमें मेरे मालिक, मेरा परिवार
और समाज भी शामिल हैं

अब लगभग घिस चुके इस शरीर से
नहीं दे पाऊँगा अधिक सेवा
लेकिन दूसरों से सेवा लेने का
हकदार जरूर हूँ

मुझे पेंशन चाहिए, प्यार चाहिए
देखभाल चाहिए और दवाइयाँ भी

मैं देखता हूँ सभी की ओर
चेहरे के भाव पढ़ता हूँ उनके
और निराश होकर लाठी थामे
शयन कक्ष की ओर बढ़ जाता हूँ

पीड़ित समय के पत्र

मौत से जूझते हुए भी
लिखे थे उसने बहुत सारे पत्र

वह लगातार लिखता रहा
यही उसे सुकून देता था
मन में जीने की आकांक्षा
और आत्मविश्वास भरता था

वह बार-बार इन्हें भेज रहा था
अपने छोटे-से मोबाइल से
तस्वीरों की शक्ल में
आपातकालीन नंबरों पर

कहीं से कोई मदद नहीं आई
फिर भी वह लिखता रहा
रुका नहीं, बताता रहा अपनी दुर्दशा

बाढ़ के प्रकोप की अवधि भी बढ़ती गई
जवाब की आशा धूमिल हुई

पत्रों के चित्र किसे मिले, नहीं मालूम
लेकिन ये पीड़ित समय के पत्र
गूँज रहे उसकी चीत्कार बन कर

फर्क नहीं मिटा

सभी सोचते थे
वोट के अधिकार से
जूते पहनने वाले
और नंगे पाँवों का फर्क मिट जायेगा
या सिर पर टोपी
या सिर पर धूप सहने वालों के बीच का
फर्क मिट जायेगा

वर्ष-पर-वर्ष बीत गये
लाइन में लगकर लोग वोट डालते रहे
फिर भी फर्क नहीं मिटा

थोड़ा-थोड़ा करके यह बहुत बड़ा हुआ
मुस्कुराहटें और बड़ी हो गयीं
दुख और बड़ा हो गया

अभाव चंद किलो अनाज में सिमट गया
साथ ही बड़ों के द्वारा
छोटों की खुशियाँ छीनना भी आसान हो गया

अब इनके पास नये तरीके हैं
नये साधन मौजूद
नंगे पाँव से चमड़ी भी उतार लेने के!

इसी के सहारे

एक पत्थर के टुकड़े को
धीरे-धीरे तराशा गया
एक सुंदर बुत का स्वरूप दिया गया
हाथ-पाँव, कंधे, कमर
सब कुछ मजबूत बनाये गये

उतनी ही खूबसूरती से तराशे गये
आँख, नाक, होंठ
और मुँह भी

बस अब इसे खड़ा करना था
इसी के सहारे पेट भरना था

इसलिए एक पेट
हमेशा भूखा दिखने वाला
भी बनाया गया!

जीने की लय

मेरी छत में छेद है
मेरी बाल्टी में छेद है
मेरी पतलून में छेद है
कहाँ है वैसी चीज मेरे पास
जिसमें छेद नहीं है

शरीर तक में
और लोगों से बहुत अधिक छेद है कि
पसीना-ही-पसीना चूता है
थोड़े-से श्रम से

पेट का छेद भी थोड़ा बड़ा
बहुत अधिक रोटी माँगता है

छेद वाली नाव ही मेरे पास
छेदों से भरी मेरी चप्पल
छेद-ही-छेद मेरी टूटी हुई फर्श पर

फिर भी समझता हूँ इन्हें
एक बाँसुरी की तरह
चाहे इनमें कितने भी छेद क्यों न हों
जीने की लय तो जरूर है

कारखाने में ताला

आज रात से
इस कारखाने में ताला लगा
कल से सभी की रोजी-रोटी पर

सन्नाटा पसरा है यहाँ
उससे अधिक सभी के घरों में

एक स्थिर तालाब की तरह
बंद हुए सभी घरों में
कैद चहारदीवारी में

हर अंग पर ताले पड़े हों जैसे
सभी की चाबी गुम
केवल छेद-ही-छेद चारों ओर

जैसे कारखाना बंद नहीं हुआ
पूरी बस्ती को छलनी कर गया

मुकुट

बहुत पुराना महल है राजा का
जगह-जगह से टूटता हुआ
कोई काम नहीं राजा के पास
सिवा हर टूट-फूट की मरम्मत कराने के

दिनभर इसी में परेशान
किसी तरह से इसे बचाए रखना चाहता है

हर कोशिश कि यह पहले जैसा दिखे
थोड़ा भी पुराना न हो
कहीं से भी ध्वस्त न हो

हवा, आँधी, बारिश आती रही, जाती रही
वह इस लगन से नहीं चूका

इस डर से कभी छुटकारा न पा सका
कि कहीं यह टूट गया तो
मुकुट भी गिर जायेगा
माथे से

सैनिक की माँ

इस बूढ़ी औरत के पास
मृत्यु की ओर झूलती काया के सिवा
बचा ही क्या है
फिर भी मन की बुलंदियाँ हैं
अफसाने हैं, प्यार के नगमे हैं
गुनगुनाने के लिए

यादें हैं बच्चों की जो उसे छोड़कर
काम पर चले गये
मीठी जुबान भी है
अपने अनुभव बताने के लिए

पाँव भी हैं पड़ोसी के दुखों में
उन्हें ढाढ़स बँधाने के लिए
रात उसकी कष्टदायक है
पर दिन तो सुंदर है

आज अपने सफेद बालों में कंघी करती हुई
सज–सँवर रही है वह
बेहद खुश और उतावली है
लड़ाई से लौटकर
आने वाले बेटे को देखने के लिए!

पुनर्जीवन

दादी की अन्तिम विदाई के बाद भी
कोई नहीं गया उसके कमरे में
कोई धन नहीं था वहाँ
चाँदी–सोने के सिक्के भी नहीं
आभूषण के नाम पर
हाथ की कढ़ाई वाली
चमकीले तारों से सजी साड़ियाँ
हाथों से काता हुआ सूत
धर्मग्रंथ और इष्ट देवताओं की तस्वीरें

लड़कों में इस संपदा के बँटवारे के लिए
कोई विवाद न हुआ
जो मन में आये वह उठा सकता था

केवल पोता पूजा की घंटी लेकर
उसे बजाता हुआ बाहर आया
अपनी दादी को फिर से जीवित करने!

ग्रीटिंग कार्ड

ग्रीटिंग कार्ड में एक किसान होगा
खेत होंगे, लहलहाती फसलें होंगी
काम करते लोग होंगे
कुएँ और छोटे-से पोखर
कुछ बैल और आकाश में उड़ते पक्षी भी

इन सबके चित्रण से बन जायेगा
एक शानदार उपहार
चाहे वह नहीं दे सकेगा इन्हें किसी को
लोग जरूर देते रहेंगे इसे एक-दूसरे को

सभी कहेंगे यह धरती कितनी खुशहाल है
प्रकृति के सौंदर्य से आपूर
सभी इस कार्ड पर अपना नाम लिखेंगे
प्यार से बाँटेंगे लोगों को

किसान कितना अनभिज्ञ रहेगा इनसे
नहीं होंगे कहीं उसकी जुताई के हस्ताक्षर
न ही बीजों को छिड़कने की प्रक्रिया
न ही धूप में रिसता उनका श्रम

हर चीज तो उनकी चुरा ली जाती है
दृश्य भी चुरा लिये गये तो क्या हुआ
पास रहेंगी इनकी बलिष्ठ भुजाएँ
पास रहेगा इनका सर्जक श्रम!

सवर्ण

जब वह डूबने लगा तो
दूर तक दिखलाई नहीं दिया

जब बचने को हुआ तो
थोड़ा-सा चेहरा दिखा
और चीख भी सुनाई दी

वह धीरे-धीरे रोशनी में आ रहा था
पानी से लगातार संघर्ष करता हुआ

अब उसका पूरा चेहरा प्रकाश में था
थोड़ी-बहुत ताकत भी शरीर में
बस एक हाथ का सहारा चाहिए था
मदद के लिए उसकी ओर बढ़े हुए

चाहे वह किसी अछूत का हो या दलित का
किसी को भी थामने को तैयार
मुसीबत में फँसा वह सवर्ण!

हाथ मिलाना

मैंने जब उससे हाथ मिलाया
यह नहीं सोचा था
ये दोस्ती वाले हाथ नहीं
बल्कि पिस्तौल चलाने वाले हाथ हैं
कभी भी धोखा देने वाले

लेकिन अब पीछे हटना मुश्किल था
एक तो गोली का डर
दूसरा बात से पीछे हटने पर
होने वाले विवाद का
इसलिए जुड़ा रहा
बार-बार मुसीबतें झेलता रहा
फिर वापस सँभलता रहा

अंत में जब हाथ छोड़ना चाहा
पाया मेरे हाथों में भी पिस्तौल है
और मैं अनेक अपराधों में उसका साथी

अब हमारे हाथ नहीं जुड़े थे
एक-दूसरे की पिस्तौलें जुड़ी थीं आपस में

पहचान

सिर ढके काले कपड़ों में
तीन महिलाओं को देखा
वे मेरे समुदाय की नहीं थीं

कुछ जो गहरे चटक रंग के कपड़ों में थीं
वे राजस्थान की लगीं

लुंगी और सफेद कमीज पहने लोग
दक्षिण के लगे

पगड़ी वाला समूह
जो नजदीक आ रहा है
जरूर पंजाब का ही होगा

हर जगह, हर बार
इसी तरह पहचान होती रही
सभी मेरे देश के ही थे
केवल उन्हें ठीक से समझ नहीं पाया

कुछ जो थोड़े-से कपड़ों में थे
कड़ी धूप में बीज बोते हुए

अपने काम में तल्लीन
सभी एक जैसे लगते थे

थे मेरे देश के ही
लेकिन किस प्रांत के ?

चुनाव चिह्न

दुकानदार-ही-दुकानदार
लाइन से इस बाजार में
सभी के प्रवेश द्वार पर
अलग-अलग पार्टी के चुनाव चिह्न

किसी में पंजे का
किसी में कमल का
किसी में हँसुआ और बाली
या हथौड़ा या लालटेन

समझ में नहीं आता
इनकी क्या जरूरत आ पड़ी
क्या वे खुद नहीं कर सकते अपनी सुरक्षा?
यानी इनको भी सुरक्षा चाहिए?
राजनीतिक दलों से बल चाहिए?

इस रात टहलते हुए देखा
जिस दरवाजे में चिह्न नहीं था
कल लूट लिया गया
अब बिना चिह्न के यहाँ कोई नहीं

सचमुच अजीब दौर है यह
दरवाजों का बल उतना ही
जितना उसके चुनाव चिह्न का
जितना उसकी पार्टी का

उतना ही मुश्किल

कितना आसान है
सारी दुनिया को
टीवी और मोबाइल पर देख लेना
आसान है थोड़ी देर साथ रहकर
भीड़ को संक्रमित कर देना
आसमान से उड़कर लाखों की हत्या कर देना
आसान है मीलों दूर बैठकर
किसी की भी मृत्यु तय कर देना

कितनी सारी चीजें आसान होती जा रही
एक स्विच ऑन करना काफी
पूरे शहर में जगमगाहट लाने के लिए
एक वाल्व को बंद करना काफी
असंख्य नलों में सप्लाई रोकने के लिए

बहुत आसान है
अदृश्य कीटाणुओं तक को मार देना
उतना ही मुश्किल
एक आत्महत्या करते को बचा लेना

टैंक

इस पुराने टैंक को देखता हूँ
युद्ध न हो तो यह कितना अकेला
पुराना हो जाये तो लोहे का टुकड़ा
इसे कबाड़ में भेजने की तैयारी
इसकी जगह दूसरा नयी तकनीक वाला तैयार
वह भी कुछ वर्षों में बेकार

कहीं कोई युद्ध नहीं केवल धमकियाँ
काश! ये आदमी की तरह सोच पाते तो खुश होते
चलो लड़ाई नहीं लड़नी पड़ी तो क्या हुआ
धमकाया तो खूब लोगों को

अच्छी नीति है यह
डराये रखो दूसरों को, बचाये रखो स्वयं को
हर चालाक तो यही करता है

हर बार मरता है पुराना टैंक ही
पिघला दिया जाता है आग में
इस आग उगलने वाले बहादुर को
आग ही पचा जाती है एक दिन

पानी

वह प्यासा बच्चा
दौड़ता हुआ आता है खेल छोड़कर
अँजुरी भर पानी पीता है
इस सार्वजनिक नल से

उसे ओस की तरह पीता है
बारिश की तरह पीता है
जीवन रक्षक की तरह पीता है

आँखें मूँदकर विश्वास करता है
इसे भेजने वाले पर
सोचता भी नहीं इसका उद्‌गम

सोचता भी नहीं
क्या सचमुच यह पीने लायक है
थोड़ा-सा रुककर
देखता भी नहीं इसके रंग को

करे भी तो क्या करे
इतनी तेज प्यास
और नल की धार भी उतनी ही तेज
कि कुछ सोचने का अवसर ही नहीं

शांति

पुराने दुश्मनों को छोड़ दो!
हमें नये चाहिए
तरोताजा खून की तरह
ये ही हमारे असली दुश्मन
इन्हें छोड़ा न जाये
बचे रहने वालों की संख्या में
इनकी गिनती न रहे

आजाद करो ऐसे लोगों को
हमेशा-हमेशा के लिए
ताकि शांति हो
फिर शांति से त्रस्त किया जा सके
बचे हुए लोगों को!

पिताजी की घड़ी

अचानक पिताजी की घड़ी
दिखलाई दी अलमारी में
चाबी भरकर, समय मिलाया तो
आवाज करती हुई चल पड़ी

मेरी और उनकी
दोनों साथ-साथ चल रही थीं
वह एक पल भी पीछे न थी

लगा जैसे पिताजी
फिर से कंधे से कंधा मिलाये
मुझे सहारा देने आ गये हैं

मैंने इसे वापस नहीं रखा
बस अपनी को उतारकर
इसे पहन लिया

मुट्ठी

तनी हुई मुट्ठी का चित्र
बदलाव की कोई सांकेतिक भाषा
जो हर दीवार पर बनी हुई थी
जो लोगों के मजबूत इरादों और
जिद की ओर संकेत करती थी

यह क्रम निरंतर जारी था
प्रत्येक दीवार पर ऐसी तस्वीर बनाने का

सभी शामिल थे इस बदलाव में
बच्चों से लेकर बूढ़े तक

इतना ही नहीं
सारे पाठ्यक्रम, फसल, कारखाने
व्यवसाय करने की पद्धति तक में
बदलाव लाना था

इस मुट्ठी को तने रहना था
बदलाव के अन्तिम क्षणों तक!

दोस्ती

मित्र तुम पीले होकर झड़ने वाले हो
मैं तो अभी-अभी जन्मा हूँ
अभी-अभी तुमसे दोस्ती हुई है
कुछ दिनों का ही साथ रहा
अब क्या करूँ?

बस देखता रहूँगा तुम्हारा झड़ना
जमीन पर गिरना
और सूखकर उड़ना

मेरी दोस्ती इतनी प्रगाढ़
मन करता है
छोड़कर डालियों का साथ
निकल पड़ूँ तुम्हारी ही यात्रा पर
लेकिन मैं मजबूर
पर चाहे अभी संभव न हो
कुछ दिनों बाद जरूर!

श्मशान की घड़ी

श्मशान की घड़ी
सामान्य घड़ी की तरह नहीं होती
इसकी सुइयाँ कब्र खोदती है
ठीक समय पर मृतक को ढकती है
प्रार्थना के अंतिम चरण पर
अपनी आवाज धीमी कर देती है
लोगों के जाने के बाद
फिर से अपना काम शुरू करती है

रात इनके विश्राम का समय है
सुबह होते चल पड़ती हैं
शाम को दिखलाती हैं चाँद को
यहाँ के दर्दनाक दृश्य

वह बस मौत को जानती है
साक्षी है दफन के समय की
मृत्यु आखिर कैसे हुई
यह उनकी चिन्ता का विषय नहीं

खुशबू

मैं थोड़ी-सी मिट्टी खोदता हूँ
आलू की खुशबू आने लगती है
पलटता हूँ इसे इधर-उधर
तो गाजर की खुशबू
तो कभी मूली की
तो कभी किसी अन्य सब्जी की

कितनी सारी चीजों को स्वाद दिया है
इसने अपने तन से
वर्षों-वर्षों तक
मुश्किल है ढूँढ निकालना
वह हिसाब

फिलहाल तो इसे देखकर ही खुश हूँ
भविष्य भी है इसका अमर

घर लौटने पर बचाकर लाता हूँ
मुट्ठी भर वहाँ की मिट्टी
जिसमें है खुशबू
श्रमिकों के पसीने की भी

सुरक्षा कवच

घर पहुँचकर सुरक्षा के सारे सामान
खूँटी पर टाँग देता हूँ
यह बूट, चश्मा, दस्ताने, हेलमेट
सेफ्टी कोट आदि
जिन्होंने बरसों-बरस मुझे सुरक्षा दी
मेरे जीवन को बचाये रखा!

खुश होता हूँ
इनके भार से मुक्ति पाकर

बैठता हूँ जैसे ही मेज़ पर
चौंक जाता हूँ एक कागज पढ़कर
जिसे लिखा होता है
पत्नी और बच्चों ने मिलकर

सभी की अपनी-अपनी
जरूरी आवश्यकताएँ थीं
उन्हें जल्द-से-जल्द
पूरा करने का आग्रह भी

मैं देखता हूँ सुरक्षा देने वाले
सामानों की ओर बड़ी मायूसी से

और सोचता हूँ
अक्सर खर्चों की आने वाली बाढ़ से
बचने के लिए
क्या कोई सुरक्षा कवच भी होता होगा!

वापसी

आज नमक नहीं था घर में
अगर एक घंटा और अधिक काम करता हूँ
उस तनख्वाह से
खरीदा जा सकता है नमक भी

थकान की चरम सीमा पर खड़ा हूँ
सोचता नहीं कुछ भी
वापस लग जाता हूँ काम पर

आज बहुत अधिक श्रम किया
बहुत अधिक पसीना निकला
बहुत अधिक नमक बहा
इस थोड़े-से नमक के स्वाद के लिए

अब जरूर स्वाद आयेगा भोजन में
जरूर खुश होंगे घर के सारे लोग

अपनी छोटी-सी तनख्वाह लेकर
थका होकर भी खुश होता हुआ
वापस लौट रहा हूँ घर

देर हो गयी है अत्यधिक
और चिंतित है परिवार
नमक के लिए नहीं, मेरे लिए!

रसोइया

उसके पास बार-बार ऑर्डर आते हैं
थोड़ी-थोड़ी देर में
अनेक तरह के व्यंजन बनाने के
जबकि खाने वाले अनेक
किंतु बनाने वाला वही एक
सभी की जीभ में स्वाद भरता हुआ
बार-बार उन्हें तरह-तरह के
व्यंजन परोसता हुआ
पाता है अपनी जीभ को एक दिन स्वादहीन

जैसे थक चुकी हो यह
दूसरों को स्वाद परोसते-परोसते

फिर देर रात हाथों में लेकर कुछ रोटियाँ
और थोड़ा-सा अचार
अपने शरीर को परोसता है
पसन्दीदा आहार
जिजीविषा केवल जीवित रहने की!

नींद

वाह नींद, कैसी हो तुम!
जरा-सी खटपट से उचट जाती हो!

वाह कैसे जगे हो तुम!
दुखों की चीत्कार के बीच भी
सोये रहते हो बेसुध!

उपलब्धि

मेरे पास एक छोटी-सी लौ है
छोटी-सी लेकिन बेहद ताकतवर
कोशिश मत करना इसे बुझाने की

मैं जब दौड़ता हूँ तो यह मशाल बन जाती है
सोता हूँ तो लालटेन
औरों के पास बैठता हूँ
तो प्रकाशित करती है उनके चेहरे को
ताकि देख सकूँ
पहचान सकूँ, अच्छे-बुरे को!

कभी-कभी इसे लेकर उड़ता हूँ
जुगनू की तरह
तब यह दिखती है सितारों की तरह

हमसे अधिक खुश कोई नहीं
यही है हमारी मेहनत की उपलब्धि!

आकाश भी चकित है

शहर में कर्फ्यू लगा है
टूटकर गिर रहे हैं बगीचों से
पके हुए सेब लगातार
इन सेबों से पट गयी है धरती
लाल-लाल सेब नहीं जैसे
टपक रहा हो रक्त पेड़ों का!

आह! कितने मूल्यवान सेब
लागत से दस गुना
अधिक वसूलने वाले सेब
पड़े हैं जमीन पर
जिनका कोई मूल्य नहीं
न ही अब कोई कद्रदान

डरे हुए पक्षी
कभी-कभार छिपते-छिपाते
मार लेते हैं एक-दो चोंच
इसके सिवा नहीं कोई उपयोग

कोई नहीं यहाँ जो बताए सेबों का
क्यों हो रहा है ऐसा हाल

सेब गिर रहे हैं लगातार
कर्फ्यू अभी जारी है
आकाश भी चकित है
देखकर इनकी दुर्दशा!

मैं नदी हूँ

मेरी तरफ आग फेंको
मैं पी जाऊँगी
मेरी तरफ जहर फेंको
मैं पचा जाऊँगी
मुझे स्पर्श करो
तुम्हें ठंडक पहुँचाऊँगी

जी भर के गंदगी फेंको
फिर भी जीवित रहूँगी
मुझसे जितनी भी
बीभत्सताभरी छेड़छाड़ करो
मैं मरूँगी नहीं

मैं नदी हूँ विशालतम
कभी नहीं सूखने वाली
बस मेरा रूप बदलेगा
मेरा आने वाला कल
तुम्हारा काल होगा!

भय

वह आकाश को चित्रित करते हुए
उसमें पक्षियों को दर्शा नहीं पाया

हर बार उसका प्रयास विफल रहा
वह उन्हें उड़ने वाला आकार न दे सका
उसकी साँस भय से अटकने लगी
ऐसा लगा मानो युद्ध प्रारम्भ होने वाला है
और खतरनाक होगा ऐसे में पक्षियों का उड़ना

आसमान से गिरता हुआ बारूद
उन्हें तुरंत लहूलुहान कर देगा

उसने घबराकर पक्षियों की बजाय
बमवर्षक विमानों से
चित्रित किया पूरे आसमान को
और इस चित्र को लिये तेजी से
दौड़ा घर की ओर

जैसे अब उसे सचमुच बचना था
दूर जाकर छुपना था
बारूद की गंध अब आनी शुरू हो गयी थी

बल्ब

उस रात बल्ब को बहुत अफसोस हुआ
जब किसी ने गलती से
उसे फेंक दिया
खराब बल्बों के कूड़ेदान में

बार-बार उसे क्षोभ होता
क्रोध से तड़पता रहता
उसके सामर्थ्य को न पहचाने जाने पर
अफसोस करता

कभी-कभी रात का अँधेरा देखकर
इतना अधिक क्रोध आता
कि जिसने फेंका था उसे यहाँ
सोचता उसी के पास जाकर
अपनी सारी रोशनी
उतार दे उसकी आँखों में

उसका दुख उस दिन चरम पर था
जब पुराने बल्बों को फोड़कर
फेंकने की शुरुआत हुई
और उसकी बारी
अब आने ही वाली थी

झोंपड़ी

झोंपड़ी की न कोई नींव होती है
और न जड़ें
थोड़ी-सी आँधी चले तो
उड़ जाती है सैकड़ों फीट दूर

फिर खोजते रहो
इसके क्षत-विक्षत टुकड़ों को
और अगर फिर भी न मिले
तो समझ लो खड़ी हो चुकी यह
दूसरों की झोंपड़ी बनकर कहीं दूर

बुरा मत मानो इन बातों का
जमाना कुछ इसी तरह का है
दूसरी खोज लो तुम भी
झोंपड़ियाँ इसी तरह जगह बदलती हैं
इनके सुख भी पराये हो जाते हैं जल्द ही

पीछे छूट गये

जब गुलाबों की सुन्दरता से
हाथ मिलाया मैंने
पीछे छूट गये छोटे-छोटे फूल
कभी नजर ही नहीं पड़ी उन पर
कोई जरूरत भी नहीं थी

अब जब गुलाबों की चाहत
हो चली है लोगों में अत्यधिक
हमेशा देर हो जाती है मुझे
इन तक पहुँचने में
पहले ही कोई तोड़ ले जाता है
दिखते हैं सिर्फ काँटे
मन को कचोटने वाले

इस वक्त पीछे की कतार के
ये छोटे-छोटे फूल
बहुत प्यारे हो जाते हैं

मेरी परछाईं

मेरी परछाईं
हमेशा मेरे साथ चलती है
बिना शोर मचाए
न ही कभी रंग बदले
न ही कभी अपनी कोई माँग रखती है
इसलिए इसे कभी दुत्कारता नहीं हूँ
न ही कोशिश करता हूँ पीछा छुड़ाने की
बड़ी अद्‌भुत है यह
तानता हूँ जब बंदूक किसी पर
या शस्त्र उठाता हूँ
यह भी मेरा अनुसरण करती है हू-ब-हू

यह भी गिलास उठा लेती है
थैला उठा लेती है मेरे साथ-साथ
हर काम में साथ देने को तैयार
जैसे मेरे घनिष्ठ मित्रों में से एक
अब इस घनिष्ठता को क्या नाम दूँ?

कलाकार

अब पीछे मुड़कर देखना संभव कहाँ
जब कोई अदृश्य रस्सी
खींचकर साथ लिये जा रही है मुझे

मैं घिसटता जा रहा हूँ उसी के साथ
होता जा रहा हूँ बेहद भावुक
बेहद सरल और ब्रश की तरह
थोड़ा-बहुत लचीला भी

मन से मेरे केवल कला उग रही है
उसी की फसल उगा रहा हूँ
उसी के रंगों से रंगा हुआ
फुर्सत नहीं साँस लेने की

चलता जा रहा हूँ दूर-दूर तक
सभी तल को पार करता हुआ

कभी अभाव को स्पर्श करता हूँ
कभी खेतों की फसलों को
कभी होता हूँ रास्तों की धूल से रंगा

फिर इन सारे रंगों को
उतार देता हूँ कागज पर

वापस मुड़कर नहीं देखता विगत को
मेरा सारा विगत शून्य है
और आगे हैं रंग-ही-रंग

पेड़ पीछे हटते गये

इंसान आगे बढ़ते गये
पेड़ पीछे हटते गये

इंसानों को अधिक जमीन चाहिए थी
वे लोभ से भरे थे
उनके शस्त्रों में हाथियों का बल था
मशीनों में मगरमच्छ जैसे दाँत
आरे थे बड़े-बड़े लहरों से अधिक धार वाले
जो चाँद को भी दो पल में काट सकते थे
नहीं था तो रहम
न मन में और न ही संबंधों में

वे भूखे थे मछली पकड़ने निकले
जहाज की तरह
उनके लिए कल नहीं था
सब कुछ बाँट लेना चाहते थे
आज के आज, अभी के अभी

पेड़ रुक गये एक दिन पीछे हटते-हटते
अब सामने समुद्र था या रेगिस्तान
यहाँ भी जीने की कोशिश करते वे
इससे पहले ही
विस्फोटकों से उड़ा दिये गये

अब पेड़ नहीं थे और जमीन अधिक
न छाया थी, न पक्षी, न घोंसला
हवा अधिक थी लेकिन
उसमें जीवन कम था

भूख

इस समय मुझे
इतनी जोर की भूख लगी है
कि कम पड़ रहा है ढेर सारा भोजन
सारे संसार को भी खा लूँ
तो पेट न भरे

इस भूखे मुख से
दाँत ही दाँत निकल रहे हैं
नाखून ही नाखून बढ़ रहे हैं
हथेली भी बड़ी होती जा रही है
मेरा स्वरूप भी असीम

असंख्य से भी बहुत अधिक
अनंत हो गयी है मेरी भूख-प्यास

लगता है जैसे कोई परमाणु शक्ति
प्रवेश कर गयी हो मुझमें
मैं अधीन हो गया हूँ
किन्हीं विध्वंसकारी वैज्ञानिकों के!

दूषित हवा

मैं प्रकृति प्रेमी हूँ
जब नहीं दिखे पक्षी बहुत दिनों तक
तो साबुन के बुलबुले लेकर उड़ाने लगा
इन्हें ही पक्षियों की तरह जिंदा समझा

मेरे साथ सारे बच्चे भी उड़ाने लगे
बुलबुलों ने एक साथ मिलकर
चिड़िया की रचना की

जिसे हम पिंजरे में बंद नहीं कर पाये
न ही छू पाये
देखते-देखते वह भी लुप्त हो गयी
वातावरण में फैली दूषित हवा से

चाबी

घर की चाबी का एक छोर
मैं पकड़े होता हूँ दूसरा तुम
दोनों मिलकर ही
गृहस्थी का द्वार खोलते हैं हमेशा

कभी अकेले खोलना भी चाहूँ तो
यह खुलता नहीं
बंद किये रखता है स्वयं को
भिंचे हुए जबड़े की तरह

लिये थे सात फेरे जिस दिन
हाथ पकड़े हुए एक-दूसरे का
सचमुच उसी दिन
मिली थी यह चाबी अद्‌भुत!

साक्षात्कार

मैदान में पड़े
बड़े-से पत्थर के पास
थोड़ा-सा ही प्रकाश था
एक झोंपड़ी की लालटेन से
उस तक पहुँचता

चाँद से और अधिक माँगा तो
वह थोड़ा-सा नीचे आया
धीरे-धीरे बहुत नजदीक

थोड़ी ही देर में
दोनों ने एक-दूसरे को देखा
पहचान लिया अच्छी तरह से
दोनों ही तो पत्थर थे

चाँद के पास तो उतना भी नहीं था
जितना कि इस पत्थर के पास

मेरा ब्रश

यह क्रम दर क्रम
हर भावना को व्यक्त करने में सक्षम है

इसके बाल भी नहीं टूटते
न ही धैर्य पराजित होता है

वह हर तरह के भार को
बैलों की तरह ढोता है
अपने पाँवों से रूखी जमीन और
काँटों पर भी चल लेता है

सेब हो या फूलों के दृश्य
चित्रित करते समय
उतना ही कोमल और मखमली हो जाता है

पक्षियों के साथ उड़ते हुए
आसमान की ऊँचाई हासिल कर लेता है

काँपता नहीं है जाड़ों में भी
किसी के फटे कपड़ों को उभारते हुए

ओस हो या बर्फ़ की बौछार
या गोलाबारी युद्ध की
सभी के दर्द को पी जाता है

यह सब करता है वह
केवल मेरी कला का साथ देने के लिए

अधूरी थी जनसंख्या

छोटे बच्चे बैठे थे छोटों के साथ
युवा, युवाओं के साथ
बुजुर्ग, बुजुर्गों के साथ
और महिलाएँ भी
अपना अलग समूह बनाकर

सारी आबादी बिखरी हुई थी
पूरे देश में इसी तरह

बस छूट गये थे जंगलों और
दूर-दराज के गाँवों में रहने वाले

वे कहाँ-कहाँ थे छितराए हुए
नहीं था किसी को भी पता

जबकि उन्हें गिने बिना
अधूरी थी देश की जनसंख्या
अधूरा था देश का प्रजातंत्र

सीप

जब एक सुंदर युवती ने
उस सीप को उठाया तो
वह बहुत खुश हुआ
उसे यह अविस्मरणीय प्रेम लगा

उसने जी भर
उसके हाथों में अपना शरीर हिलाया
जैसे वह बस उसी का होकर
रह जाना चाहता हो
हमेशा-हमेशा के लिए

नहीं मालूम था उसे
एक पल बाद
यह सपना टूटने वाला है

मोती ही साँस थी उसकी
निकल जाने के बाद
घर नहीं लौट पाया कभी

उनकी इच्छा का ध्यान

वे अपने चित्र हाथों में लिये हुए
बगल से गुजरे तो
गलती से टकरा गये
और उनके कुछ चित्र छिटककर
आपस में जुड़ गये

जब इनको प्रदर्शनी में टाँगा गया
एक का घोड़ा दूसरे की झोंपड़ी से बँधा था
और दूसरे का बैल पहले वाले के महल में

राजा, मजदूर, पक्षी, सजावट, फसल आदि
सभी की अदला-बदली हो गयी थी

दोनों चित्रकार असमंजस में थे
उन्हें यकीन भी नहीं हुआ

लेकिन महसूस जरूर किया कि
इन चित्रों में चित्रित जन की
इच्छा का भी ध्यान रखा जाना चाहिए

बराबरी

ऊँची मीनार अचानक हँस पड़ी
जब एक टूटे हुए पंख ने
हवा के सहारे उड़कर
उसकी ऊँचाई हासिल करनी चाही

अपने टूटे हुए पंख का
उपहास होता देखकर
क्रुद्ध हुआ पक्षी

वह चोंच में थामे उसे
मीनार से भी ऊँचा ले उड़ा
और उसके शीर्ष पर छोड़ दिया

मीनार शर्म से झुकी
उतर आई जमीन तक
साथ में पंख भी था कंधे पर

अब दोनों बराबरी पर थे
लेकिन मीनार हास्यास्पद स्थिति में

समानता

हजारों लोग छाता ताने
मूसलाधार बारिश में खड़े थे
रात हुई तब भी खड़े थे

विरोधियों ने सोचा
सुबह होगी और वापस चले जायेंगे
धूप के ताप को सह नहीं पायेंगे
न ही भूख और प्यास को

जबकि दूसरे दिन भी वे जमे हुए थे
तीसरे, चौथे, पाँचवें दिन भी
छाते उनके खुले हुए दिखे
जैसे दूर तक काले बादल मँडरा रहे हों
जो जिद पर उतारू हों
उनकी सत्ता उखाड़ने की

इससे पहले कि इनकी संख्या बढ़ती जाती
उन्हें सुलह का मार्ग अच्छा लगा
वे भी छाता ओढ़े शामिल हो गये भीड़ में
अब सभी की पहचान थी एक जैसी

अनेक धर्मों वाला घर

एक बौद्ध ने सबसे पहले
बनाया था यह घर
बाद में इसे किसी ब्राह्मण ने खरीदा
कुछ ईंटें जोड़कर इसे थोड़ा-सा बड़ा किया
और एक मंदिर बनाया
स्थापित किया अपने भगवान को उसके अंदर

बाद में इसे बेचा
अपने एक मुसलमान दोस्त को
जिसने इसे सुधारा
और नक्काशी करवा दी चारों ओर
परिवार और धर्म की रुचि के अनुसार

बाद में मोहल्ला अस्थिर होने पर
उसे भी बेचना पड़ा इसे
किसी सम्पन्न अछूत को जल्दबाजी में

वह भी टिका रहा अनेक पीढ़ी तक
लेकिन कर्ज चुकाने के लिए
बेच दिया इसे एक ईसाई को
उसने भी अपने हिसाब से
इसके स्वरूप में
अपने धर्म की भी नींव डाल दी

कालांतर में इसे एक सिक्ख ने खरीदा
और जल्दी में बेच भी दिया
अपने एक व्यवसायी दोस्त को

व्यवसायी को अधिक कीमत चुकाते हुए
मामूली नहीं लगा यह घर
बल्कि एक संग्रहालय जैसा लगा
जिसमें अनेक धर्मों के अनुसार
तरह–तरह के पूजा स्थल थे
अनेक तरह की कलाकृतियाँ थीं
एक में अनेक का वास था
अनेकता में एकता का उदाहरण
इससे अच्छा और कोई न था

चीख

चर्च के पादरी ने वह चीख सुनी
मंदिर के एक पुजारी ने भी
अजान के लिए झुके
मौलवी ने भी

सभी चुपचाप सुनते रहे
कोई निकलकर नहीं आया

जब तक उन्हें नहीं मालूम पड़ा
यह चीख किसी अबला की नहीं
उनके संप्रदाय वाले किसी की थी

नष्ट होने का दुख

उस नल से
रुक-रुककर
पानी की बूँदें गिरती थीं

बार-बार आँसुओं जैसी
छोटी-सी शक्ल दिखलाई देती थी
जैसे कहती हो मुझे रोक लो
गिरने मत दो

भले डाल लो अपने कंठ में
या जमा करके पात्र में
पहुँचा दो पौधों या चिड़ियों तक

बार-बार वह यह कहती रही
सभी ने उसे बूँद ही समझा
उसके नष्ट होने का दुख नहीं

गरीब

उस इत्र की कीमत सुनकर
चौंक गया था मैं
बस एक बार सूँघा उसे
और कदम खींचकर
बाहर निकल गया दुकान से

जबकि सेल्समैन कहता रहा
इसकी खुशबू बहुत दूर तक जाती है
इसे लगाने वाले दूर से पहचान लिये जाते हैं
अप्सराएँ प्रभावित होती हैं
अमीर जुड़ने के लिए हाथ बढ़ाते हैं
सफलता मिलने में देर नहीं लगती

इतने सारे गुणों की खान यह छोटी-सी शीशी
नहीं आ सकती थी मेरी जेब में
सचमुच इतना गरीब था मैं
छोटी-सी अमीरी भी नहीं खरीद सकता था

देश का नक्शा

सच कहा तुमने
मेरे शरीर को अनगिनत टुकड़ों में
बाँटा जा सकता है
आँखों से लेकर नाखून तक

अत्यधिक उपयोगी चीजों से बना है
समूचा नक्शा मेरी देह का
और जब पसीना गिरता है
इससे श्रम करने के बाद
अपनी रक्षा और घर चलाने हेतु

सोचता हूँ उस समय
अपने परिवार के साथ-साथ
देश को भी तो योगदान दे रहा हूँ
पूरी निष्ठा से

और आशा करता हूँ देश के नक्शे में
मेरे जैसे आम आदमी का नक्शा भी
जरूर शामिल होगा

रंग

जब मैं धूप में श्रम करता हूँ
लाल रंग देखता हूँ
शरीर के ऊपर
खून का उभार लिये हुए

थककर आराम करता हूँ छाया में
हरा रंग देखता हूँ पेड़-पौधों का

घर लौटने को होता हूँ
काला रंग देखता हूँ अँधेरे का

पहुँचकर घर
रोशनी में पीला रंग देखता हूँ
फिर सपनों में अनगिनत रंग

जबकि दोस्तों के प्रेम में भी
कुछ ऐसे रंग दिखते हैं
जिनका नाम तक मैं नहीं जानता

इन असंख्य रंगों से भरी जिंदगी को
कैसे मैं कह सकता हूँ रंगहीन

घाव

बैलगाड़ी से बँधे बैलों के गले में
रस्सी के अनेक घाव देखकर
उसने भी अपने घाव ढूँढ़ने चाहे

क्योंकि वह भी तो जुता रहा था
मजदूरी में वर्षों से
उसने भी हाथ-पाँव लगाये रखे थे
पूरी मुस्तैदी से काम में
मिले हर काम को पूरा किया था समय पर

जरूर ढेर सारे घाव होने चाहिए उसकी भी देह पर
जबकि बाहर से खोजने पर एक न मिले
सिवा रूखे हाथ और फटे तलवों के
हालांकि अंदरूनी चोट जाँचने के लिए
साधन नहीं उसके पास

कोई तो चिंता करे

किसी दुष्ट ने हमारा मशीनीकरण कर दिया है
अब इस शरीर में रक्त और मांस नहीं रहा
सभी हड्डियों के सहारे जिंदा हैं
इस खोखलेपन
और हृदयविहीन स्वरूप को साथ लिये
हम घूम रहे हैं

जैसे कब्रिस्तान से उठकर
सारे मुर्दे चल रहे हों एक साथ
भीड़-की-भीड़ एक साथ

सभी एक जैसे
किंतु आपस में न कोई मित्रता न ही कोई वैर
बस विवशता का कोई चोला पहने हुए हम
और हम सभी अपना खोया हुआ
हृदय और प्रेम ढूँढ रहे हैं

कोई नेक दिल तो चिंता करे हमारी
कोई तो पहचाने हमें
इस विकृत स्वरूप में भी!

प्रेम का पुरस्कार

प्रकृति अपने प्रेम का पुरस्कार
उसे निहारने
और उसका स्वाद चखने को मानती रही
असंख्य के हृदय से जब निकला प्रेम
उसी के सहारे फलती-फूलती रही
हम भी जिंदादिल रहे वह भी रही

घबरायी वह जब हमने
अपने नाखूनों से उसकी खाल नोचनी चाही
उसके हरे कपड़े उतारने चाहे
उसके तन में आरे चलाने शुरू किये

कैसे विश्वास हो सकता है
एक प्रेमी दूसरे का हृदय इस तरह भंग करे
अपनों का ही संसार इस तरह हिला दे

नहीं समझ पाये हम उस कोप को
जो हम पर वापस उतरने वाला था
ऐसे लोगों की प्रेमिका
वह कैसे हो सकती थी

आस्था

मैं सहूँगा दुश्मनों के सारे वार
जैसे एक वृक्ष सहता है
कुल्हाड़ियों को बार-बार
जैसे आकाश सहता है
प्रदूषित हवाओं का वेग हर पल
जैसे यातनायें चीखती हैं दंश से बार-बार

इनके बीच भी मैं
एक कटे हुए पेड़, एक टूटे हुए पहाड़
और क्षत-विक्षत झोंपड़ी की तरह होकर भी
एक दीप जलाये रख सकूँगा
हर बार तुम्हारे समीप
और इसे ही समझूँगा अपना सहारा!

बूँदें पसीने जितनी महँगी

मैं हर दिन देखता हूँ
स्त्रियाँ खाली घड़ा लेकर जाती हैं
और पानी लेकर वापस लौटती हैं

बरसों बीत गये इसी तरह
इस बीच कितनी ही बार
उस नीम के पेड़ में फल लगे और झड़े
बड़ा भी हो गया है इसका स्वरूप
अकेला ही दातौन बाँट रहा पूरे गाँव को
यही हाल आम, जामुन और दूसरे पेड़ों का

बहुत सारे विकास हुए गाँव में
आबादी फैली, अपने घर बने लोगों के
मवेशियों के भी झुंड बढ़ते गये
बच्चों को साइकिलें मिलीं, बड़ों को स्कूटर
पढ़ने के लिए पाठशालाएँ भी खुलीं
इलाज के लिए छोटा-सा अस्पताल भी

बस गाँव को पानी नहीं मिल सका
घड़े ढोते-ढोते स्त्रियाँ थकती रहीं
कुएँ और तालाब कम पड़ गये
बूँदें पसीने जितनी महँगी हो गयीं

स्पर्श

तुम कहाँ हो नहीं मालूम
लेकिन मेरे हाथ
बहुत दूर तक निकल जाते हैं
बेचैन हवा की तरह
हर जगह तलाशते हैं
किसी भी तरह छूना चाहते हैं
तुम्हारी हथेली को, अँगुलियों को
नाखून तक को

बस इतना–सा स्पर्श
जिसमें तुम भी मेरे हाथों को
अपने हाथों में लिये
महसूस कर सको
अपनी सबसे प्यारी नजदीकी

आकांक्षा

बच्ची संतुष्ट नहीं थी
इस झोंपड़ी की छत को देखकर
उसे इससे भी अधिक
ऊँचाई दिखलाने वाली सीढ़ी चाहिए थी

एक दिन बड़े-बड़े पोस्टरों पर
उसे चित्रकारी करने का अवसर मिला
बेहद ऊँची सीढ़ी पर चढ़कर
जिसे गुजरते लोगों ने देखा और
बहुत अधिक सराहा

अब इससे भी ऊँची सीढ़ी चुनी उसने
एक कारखाने की चिमनी तक पहुँचने वाली
जहाँ उसमें आयी खराबी की मरम्मत की
और लोगों की प्रशंसा बटोरी

वह रुकी नहीं अब भी
ठीक किया
एक उड़ते हुए जहाज में आयी खराबी को
इंजीनियरिंग की पढ़ाई पूरी करके

यह ऊँचाई भी कम लगी उसे
अर्जी दी सरकार से चाँद पर जाने की
इसके बाद भी
अभी ढेर सारी ऊँचाइयाँ छूने की
आकांक्षा बाकी है उसके मन में

कविता का मूल्य

मेरी कविता का मूल्य
पिकासो की पेंटिंग की तरह हो जाये
अगर कोई अमीर इसे पढ़ ले
सिर्फ एक नहीं अनेक
और खाने की मेज पर इसकी चर्चा करे
फिर पोस्टर भी बनवा ले इनके
ड्राइंगरूम में लगाने के लिए

सरकार से पैरवी करवा दे
पाठ्यक्रम में चलाने के लिए
टीवी पर भी चर्चा करवा दे
मुझे राष्ट्रकवि घोषित करवा दे

यह सोचते हुए
लोकार्पण करवा रहा हूँ
अपनी पुस्तक का
एक अति विशिष्ट से
अनेक महत्त्वपूर्ण व्यक्तियों के बीच

बिल्कुल असहाय

पौधा अब बड़ा होने लगा
रुका नहीं वह लगातार बढ़ता रहा
चारों तरफ फैलता रहा
अब उसकी छाया पथिक के सिर पर होती
और प्रतिबिंब पास के तालाब में

घोंसले-ही-घोंसले थे
पक्षी-ही-पक्षी इस पेड़ पर

एक दिन फलों से लदे
इस पेड़ का स्वाद चखते हुए
वह व्यक्ति दौड़ा मित्रों को बताने
पहले मीठे फलों को चख लो
फिर लूटा जा सकता है लकड़ियों को भी

डरो मत बिल्कुल असहाय है यह
कौन खोजेगा इसका न होना
दस वर्ष पहले भी तो यह नहीं था!

दवा

इस दवा के कैप्सूल में
केवल मित्र ही नहीं बैठा
दुश्मन भी है

जो मित्र है, मित्रता निभाता है
दुश्मन भी प्रभाव दिखाने में
पीछे नहीं रहता
हालांकि इसका प्रभाव धीमा
बहुत दिनों बाद मालूम होने वाला
लेकिन इसका रहना क्यों जरूरी ?

तोड़कर गोलियों से
उसे अलग भी नहीं किया जा सकता
दोनों एक साथ बँधे हुए

लेना इसे मजबूरी है
ठीक होने की जल्दी है

यह उसी तरह है
जैसे पहले अमृत असर करता है
फिर इसका असर खत्म करने
जहर आगे बढ़ता है
और यह मृत्यु रहती है
हमेशा अपराजित!

मित्र

उस अपराधी को
एक सचेत नागरिक ने
अपराध करते पकड़ा
फिर भी वह खुश था
जब पुलिस ने हथकड़ी पहनाई

अदालत भी उसकी मित्र थी
जहाँ हँसते हुए गया
और हँसते हुए बाहर निकला
छोटी-सी सजा पाकर

जिसने हथकड़ी खोली
और मुँह मीठा करा विदा किया
वह भी मित्र ही था

सभी मित्र थे
इसलिए अपराध की आदत कभी छूटी नहीं
दूसरों से अपराध कराने की
नयी आदत लग गयी

अँधेरा

यह शाम का अँधेरा अच्छा है
उस अँधेरे से
जो निकलता नहीं जल्दी
एक बार घुस आने पर

अपनी नींव को गहरा करता जाता है
गाड़ता जाता है अपना खूँटा
जगह–जगह
वहशीपन के साथ

झूमता रहता है चारों ओर
थकता नहीं स्वयं
थका देता है दूसरों को

गंदगी के नीचे, अभाव के नीचे
दर्द और पीड़ा के नीचे
बहुत चतुराई से छिपा रहता है

इसके अलावा भी
वैसी जगहों पर
जहाँ आँखें नहीं जा सकतीं
केवल आश्वासन होता है जहाँ

इतने थोड़े-से संबंध

इस गंभीर पीड़ा में
किसी को याद नहीं कर पाता
जैसे मस्तिष्क ब्लैंक हो गया हो
मिट गये हों सारे शब्द

देख सकता हूँ आँखों से
पहचान सकता हूँ
खिड़की से दूर स्थित
उस चमकते भरे-पूरे चाँद को

बार-बार इसे ही देखता रहता हूँ
जैसे यह मेरे जीवित होने का प्रमाण
यह गतिमान मेरी साँसों की तरह

सोचता हूँ क्या इसी तरह
थोड़े-से ही रह जायेंगे
हमारे बीच के संबंध

क्या आने वाला समय
इसी तरह होगा अकेला!

किसान के बैल

संतोषी हैं किसान के बैल
क्योंकि उन्हें सड़कों की भीड़ में
दौड़ाया नहीं गया
शहरों का सपना नहीं दिखलाया गया

वे गाँव की गद्देदार भूमि में चलते रहे
किसी की हड़बड़ी ने
चाबुक भी नहीं लगाये

जो भी काम किया शांति से
शांति से हल जोते
उसी फसल के चारे को
श्रम का उपहार समझा

गले में बँधी घंटियों के गीत सुने
और बुढ़ापे में भी किसान के साथ मरे
कटने नहीं भेजे गये कसाई के घर

दृष्टि

कितनी ही तरह की मछलियाँ हैं नदी में
कोई लाल, कोई सफेद, तो कुछ काली
जो इस जल को
बदल देती हैं नये-नये रंगों में
बारी-बारी से

किसान भी बदल देते हैं
धरती का रंग फसलों से
और प्रकृति अपने सुंदर फूलों से

सभी जो अच्छे हैं
देते हैं अनुदान कुछ-न-कुछ
अपनी अच्छाई से समाज को

बस डरता हूँ अत्यधिक
बुरे लोगों से
जिनको नहीं सुहाती यह सुंदर दुनिया

उजाड़ने वाली है इनकी दृष्टि
चाहे पर्यावरण हो
या किसी बच्ची की हँसती जिंदगी!

मिट्टी

क्षमा करना मुझे
मैं दीयों को जल्दी ही फेंक देता हूँ
या विसर्जित कर देता हूँ नदी में
इस चाय की कुल्हड़ को भी
दो पल में फेंक देता हूँ
और कलश, घड़े और सुराही को भी

कुम्हार के द्वारा बनायी गयी तमाम चीजों को
जल्दी ही समाना होता है धरती में

हालांकि ये फिर से नयी होकर
होती हैं हमारे हाथों में
बिल्कुल ताजा गीली मिट्टी की तरह
सामान की बिक्री के बाद
तुरंत आये पैसों की चमक की तरह
जिसके सहारे
चलती रहती है कुम्हारों की दुनिया!

कुदाल

मजदूर कुदाल के सहारे रोटी पाता है
थकता है तो इसी का सहारा ले
खड़े-खड़े विश्राम कर लेता है

आक्रोशित होने पर
इससे वार भी

कितना प्यारा है यह
हजार मित्रों से भी उपयोगी

उठाता है जब इसे
वार करने भूमि पर
होता है इसमें वेग
तेज आँधियों-सा
दरक जाते हैं मिट्टी के ढेर
सिर्फ एक ही वार से

फिर वह देखता है इन्हें
और मन-ही-मन मुस्कराता है
जैसे क्रूर सिंहासन को भी
हिला दिया हो उसने

लाश

यह लाश बहुत बड़े गुंडे की है
जितने खून किये इसने
सभी इसके शरीर में शामिल
इसलिए बहुत भारी है
चार लोगों से नहीं उठी अर्थी
भीड़-की-भीड़ इकट्ठा
समाजसेवी और नेता भी
गाड़ी भी बड़ी-सी
मालाओं का अंबार
श्रद्धांजलि के लिए कतार

बहुत मुश्किल से खिसका यह भार
जब एक ईमानदार ऑफिसर ने
किया था इसका इनकाउंटर
अपनी नौकरी गँवाकर

जंगल

जंगल आदमी के हाथों में चला गया
उनकी कुल्हाड़ी में चला गया
उनके आरे में चला गया
दरवाजों, खिड़कियों में है
आग में, घोड़ागाड़ी में है
फर्नीचर में है
जहाँ नहीं है वहाँ भी बसाने की तैयारी

दिखाई नहीं देते कहीं
इनकी रक्षा करने वाले
तीर–धनुष लिये
सभी हो गये सभ्य
कूच कर गये शहर की ओर

शेर सर्कस के पिंजरे में है
हाथी कटे हुए पेड़ ढो रहा
चिड़ियाँ किसी दूर पर्वत पर

यह जंगल भी अब जंगल कहाँ रहा
इसकी शक्ल भी शहर जैसी हो गयी

त्याग

मूर्ति बनाते समय छेनी की चोट से
हर बार कितने ही टुकड़े नीचे गिरे
हर चोट के साथ बार-बार गिरे

आज के टुकड़े मूर्ति के हाथ वाले थे
जिन्हें आकार देने के लिए
अलग करना पड़ा
कल पाँव से जुड़े टुकड़ों को
अलग किया गया

इस तरह हर दिन
हर अंग से टुकड़े हटाये गये
मूर्ति से इनका साथ छूटता गया
अब सभी एक कूड़ेदान में थे

वे देख भी नहीं पाये
अपने साथी को
जो कल स्थापित होने वाला था
एक पूजास्थल में देवता की तरह

समानता

तालाब में किसी ने
कोई बीज नहीं बोया था
न ही देखभाल की थी
अचानक वह उगा
धीरे-धीरे बढ़ा
एक सुबह पंखुड़ियाँ भी खोल दीं
बहुत सुंदर लगा
अपने गुलाबी रंग में
गंदा तालाब सौंदर्य से भर गया

फिर एक सुबह
कोई पहुँचा उसके नजदीक
कीचड़ में सनकर
देखा उसकी देह पर
अनेक ओस की बूँदों को
जो उसके बदन के पसीने से
मिलती-जुलती थीं
दोनों में इतनी समानता देखकर
गर्व किया उसकी मेहनत पर
वापस लौट आया बिना तोड़े ही

दरवाजा

मेरा दरवाजा
सिर्फ दो बार खुलता है
काम पर जाते वक्त
दोबारा काम से लौटने पर

यह कमरा भी अकेला
और मैं भी

जब नहीं रहता हूँ इसमें
यह मेरा इंतजार करता है
कि मैं आऊँ और इसे रोशन करूँ

मैं इसके इंतजार को समझता हूँ
और अपनी थकान को भी
दरअसल मैं दरवाजा नहीं खोलता
मेरी थकान खोलती है
उसे भी इससे मिलने की हड़बड़ी

मालूम नहीं

मुझे मालूम नहीं
मैं कितना ऊँचा आकाश देख रहा हूँ
बस इसे देख रहा हूँ
नीला रंग दिख रहा
जहाज पर भी बैठकर
इतनी ऊँचाई से भी
वैसा-का-वैसा दिख रहा

कभी खत्म नहीं होतीं इससे दूरियाँ
कभी खत्म नहीं होते इसके रंग
मालूम नहीं यह है कितना ऊँचा
कितना अधिक इसके पास रंग का भंडार

अमीरी और गरीबी भी
इस आकाश के नीचे बड़ी तादाद में
दुख और सुख भी ढेर सारे
सभी खींचते हुए
अपनी अलग-अलग सीमा रेखा
इस भंडार का भी कोई अंत नहीं!

लालटेन की यात्रा

मेरे दादाजी ने
श्रम और संघर्ष करते हुए
अपने प्राण त्यागे
लेकिन इस लालटेन का
साथ कभी नहीं छोड़ा

इसने मेरे माता-पिता को भी
रास्ता दिखलाया
भोजन पकाने से लेकर
बिस्तर बिछाने तक
हरेक काम में मदद की
फिर भी इसका प्रकाश कम न हुआ
न ही हुई मृत्यु

यह हमेशा सेवक बनी रही
इसने काँच की सफाई के सिवा
कभी कोई मरम्मत भी नहीं माँगी

यह मेरे साथ भी रही वर्षों तक
जब नहीं रह सकती थी
नये जमाने की रोशनी के साथ
भेंट कर दी गयी
बगीचे के कुछ मजदूरों को

अब हो सकता है उनकी
तकदीर भी बदल दे हमारी तरह
इस तरह जारी रखे अपनी यात्रा

काम का सुराग

जो नया है यहाँ के लिए
उससे क्या पूछूँगा रास्ता
जो खुद ही भटका हुआ
उससे क्या पूछूँगा

जिसने आस-पास के सिवा
कुछ नहीं देखा
वह क्या बतायेगा मुझे

जो सारे रास्ते भूल चुका
अब मूर्च्छा की गोद में
वह क्या दिखायेगा दिशा

सभी को छोड़कर
धीरे-धीरे बढ़ता हूँ
सारे रास्तों को टटोलता हूँ

जिधर से कामगार लौट रहे हैं
उसी ओर बढ़ता हूँ
इनकी वापसी में ही
पाता हूँ अपने काम पाने का सुराग

अंधकार

घुटने तक के बरसाती जूते
जिसे पहनकर वह भरी बारिश में
काम करता था खेतों में

वे इस बार बक्से के ऊपर ही पड़े रह गये
बारिश नहीं हुई
जबकि बारिश के दिनों में
सोचता रहता था
जल्द-से-जल्द कैसे इन्हें पहनूँ
खेत जाकर बीज छिड़कूँ

सारी आशाएँ मिट्टी में मिल गयीं
दुखी मन से सोता है
देखते हुए
बाहर का अंधकार और
अंधकार जो जूतों के भीतर पसरा है

छुट्टी

उसने जैसे ही छुट्टी की दरखास्त
मुझ तक बढ़ायी
मैं एक बार सिहर उठा
उसके रूखे हाथों को देखकर

नाखून के सिवा
हाथों की पूरी त्वचा पर
अलग-अलग रंग थे
कहीं भूरा, कहीं काला
कहीं चमड़ी उखड़ने जैसा

चट्टान जैसी स्थिरता भी थी उनमें
किसी भी कठिन काम को
थाम लेने की

मैंने नहीं देखा उसका चेहरा
न ही शरीर
बस छुट्टी की मंजूरी रख दी
उसके हाथों में

पूर्व लिखित पुस्तकों पर सम्मतियाँ

नरेश का मिजाज एक चिन्तक का है, वे जीवनानुभवों की गहराई में उतरने का माद्दा रखते हैं।

—इंडिया टुडे

नरेश जी ने कम-से-कम में अधिक-से-अधिक कहने की महारथ हासिल की है। नुकीले वाक्य सीधे निशाने पर लगते हैं। कोई भी पाठक इन्हें एक नजर में ही हृदयंगम कर लेता है। भाषा इतनी सुगम, पारदर्शी और सहज है कि दुविधा या अवरोध का एहसास भी नहीं होता। आश्चर्य होता है कि नरेश अग्रवाल ने जीवन के प्रत्येक अंश को इतने करीब से देखा है दत्तचित्त होकर।

—अरुण कमल, कवि, आलोचक एवं सम्पादक
(साहित्य अकादमी पुरस्कार से सम्मानित)

सब कुछ को सलीके से छिपाकर वे अपने पाठक को सरल-से-सरल भाषा में दृश्य-दर-दृश्य, कुछ अनसुने, अनदेखे और अनजाने को सुनने, देखने और जानने के लिए उकसाते हैं। इसलिए उस मर्म और तत्त्व को ढूँढ़ते हुए, वहाँ तक पहुँचने की प्रक्रिया में वे पाठक को खोजकर पाने के सुख से सुखी कर देना चाहते हैं। उसे अपने ढंग से अपने लिए पाकर पाठक के मन में उसके विस्तार और उसके प्रदर्शन की सबसे ज्यादा सम्भावना बनती है।

—लीलाधर जगूड़ी, कवि
(पद्मश्री एवं साहित्य अकादमी पुरस्कार से सम्मानित)

नये घर में प्रवेश, नये घर में प्रवेश नहीं, कवि का अपनी अंतश्चेतना की चौखटों को पारकर अपने आप को पाने, खोजने का प्रयत्न है। गहन आत्मविश्लेषणात्मक है

कवि की दृष्टि। दुनिया के सारे कुएँ से लेकर अन्य कविताएँ।

—चित्रा मुद्गल, वरिष्ठ कहानीकार एवं उपन्यासकार,
(साहित्य अकादमी पुरस्कार से सम्मानित)

श्री नरेश अग्रवाल की इन कविताओं में समय और परिवेश के प्रति कवि की विनम्रता आकर्षित करती है। इनमें किसी प्रकार का भावुक आवेश या आक्रामक उबाल नहीं है, न अनुभव और भाषा की स्फीति। अभिव्यक्ति का यह अनुशासन इन कविताओं को प्रौढ़ और चिन्तनपरक बनाता है।

—विश्वनाथ तिवारी, कवि, आलोचक एवं सम्पादक

आपकी सृजनात्मकता ने नये धरातलों को स्पर्श किया है। अपने आस-पास के जीवन से यह संलग्नता इनकी एक विशिष्ट पहचान बनाती है। संवेदनात्मक गहराई में डूबी हुई इन कविताओं को पढ़कर बहुत अच्छा लगा। आपकी मार्मिकता मन को छूती है।

—विजय कुमार, वरिष्ठ कवि एवं आलोचक

आपकी सुबह की प्रार्थना पुस्तक की कविताएँ मैंने पढ़ीं और आपकी भावनाओं का अकुंठ प्रवाह तथा पवित्र एवं दैवीय आकांक्षाओं तथा प्राकृतिक अनुभूतियों की निश्छल अभिव्यक्ति का रसास्वादन किया। हमारे ऋषियों की तरह आपने प्राकृतिक शक्तियों के सत्य को पहचाना है और उनके रास्ते प्रभु की सत्ता का साक्षात्कार किया है। परम परमात्मा को संबोधित ऐसी कविताएँ विरल ही हैं, क्योंकि मनुष्य स्वयं ही नियंता और परम शक्ति बनने की मूर्खतापूर्ण बुद्धि के चंगुल में फँस गया है। आपकी कविताएँ संतोष और तृप्ति देती हैं।

—डॉ. कमल किशोर गोयनका, साहित्यकार एवं आलोचक
(पूर्व उपाध्यक्ष केंद्रीय हिंदी संस्थान, आगरा)

आपकी प्रकृति आधारित कविताएँ भी मात्र दृश्यचित्र नहीं हैं, उनमें मन बोलता है। कश्मीर को आपने सैरगाह की जगह संवेदना बनाया है। अगर इन पुस्तकों का वितरण ठीक प्रकार से किया जाये तो ये समाज के लिए उपयोगी सिद्ध होंगी।

—ममता कालिया, कवि एवं साहित्यकार

पाँच संग्रहों में संकलित आपकी कविताएँ पढ़ी। एक साथ 400 कविताएँ लिखना

हँसी का खेल नहीं है। हिंदी कविता में यह दुर्लभ आयोजन है। ये सिर्फ प्रार्थनाएँ ही नहीं आदमी के भीतर की विकलता जो कविता के रूप में प्रकट हुई हैं। कवि के भीतर ऐसा कुछ है जो उसे अभिव्यक्त करना चाहता है। जीवन के भीतर के अध्यात्म को कविताबद्ध करना कठिन काम है। आपने ऐसी भाषा में कविताएँ सम्भव की हैं जिसमें सम्प्रेषण का कोई संकट नहीं है। अच्छी कविताओं के लिए बधाई।

—स्वप्निल श्रीवास्तव, फैजाबाद, उत्तर प्रदेश

(वरिष्ठ कवि एवं समीक्षक)

आपकी कविताओं में बड़ी सहजता है। अनुभवों का निर्व्याज आवेग है। बड़ी आत्मीय स्वतः स्फूर्तता है।

—विजेन्द्र, वरिष्ठ कवि एवं सम्पादक

❑❑❑

श्रेष्ठ भारतीय साहित्य

भारतीय ज्ञानपीठ